Александр Клековкин

Занимательная Поэтическая Азбука

Книжка вторая

Стишки и Песенки

Художник
Марина Линдерман

Alexander Klekovkin

Russian Poetical Alphabet
Book 2:
Poems and Songs

Zanimatelnaya Poeticheskaya Azbuka
Knizka 2:
Stishki i Pesenki

Illustration by Marina Linderman

Copyright © 2008 by Alexander Klekovkin
All rights reserved under International and
Pan-American Copyright Conventions.
Except for brief quotations in a review, this book,
or parts thereof, must not be reproduced in any
form without permission in writing.

Published by Alexander Klekovkin
"Dialog"
Klekovkin.AZ@gmail.com

Library of Congress Control Number: 2015910005

ISBN -13: 978-0692516645
ISBN -10: 0692516646

СОДЕРЖАНИЕ

Родителям

К маленькому читателю

Занимательные стишки

Цветные стишки

Что такое Рифма

ПЕСЕНКИ:

Шагалка
Фея
Зимняя Сказка
Нотки
Колыбельная

Дополнительная информация:
Азбука (книжка первая)   https://www.createspace.com/3344095
Аудио (Азбука и Стишки)   https://www.createspace.com/1720952
Аудио "Бери и Пой"   https://www.createspace.com/2043424
klekovkin.az@gmail.com

Дорогие родители, бабушки и дедушки!

Эта книжка – продолжение Занимательной Поэтической Азбуки. Она основана на методике, которая, кроме изучения букв русского алфавита, в игровой форме развивает поэтическое восприятие мира.

Книжка адресована для занятий с детьми разного возраста.

По мере взросления ребёнка, с каждым стишком вы будете решать новые задачи, развивая более сложные навыки и знания.

Предлагаемый метод и принцип чтения (я называю это "принцип паузы") оказывает на ребёнка стимулирующее воздействие.

Надеюсь вам пригодятся и мои песенки.

Как это работает?
Что даст вашему ребенку эта книжка?

1. Развитие памяти:
слушая или читая стишки, ребёнок запоминает содержание и ключевые буквы, на которые вы обращаете его внимание.

2. Развитие поэтического восприятия мира:
по мере слушания или чтения ребёнок поймет, что все можно представить в поэтической форме.

3. Развитие ощущения рифмы:
читая стишки-загадки, делайте паузу перед словом-ответом, и ребёнок интуитивно будет находить нужные слова-образы, что и формирует чувство рифмы и ритма. И есть вероятность, что вскоре вы услышите его собственные стихо-вариации.

4. Развитие концентрации внимания:
предлагайте ребёнку не только следить за общим смыслом стишка-урока, но и за конкретной буквой. Впоследствии этот навык очень поможет в учебе и жизни. Предлагайте находить все слова, содержащие заданную букву.

5. Развитие навыков счета:
если ребёнок уже умеет считать, предложите ему найти все слова, содержащие заданную букву в соответствующем стишке, сосчитать эти слова, а также эту букву.

6. Развитие "научного" восприятия мира:
инициируйте у ребёнка дополнительные вопросы, например, что значит двукопытный в стишке об олене? Это дает вам возможность применить знания зоологии (копыта-пальцы), физики (увеличение устойчивости при расширении копыт-пальцев) и т.п.

7. Развитие грамотности:
некоторые стишки помогут ребёнку усвоить правила грамматики задолго до школы.

Всего Вам доброго,

Автор

К маленькому читателю

Ты уже познакомился с «Занимательной Поэтической Азбукой» и знаешь все буквы, которых в русском алфавите – 33.

Для этой книжки я сочинил дополнительные короткие стишки или стишки-загадки о животных и предметах. Читая или слушая стишки этой книжки, постарайся определить к каким буквам алфавита они относятся. Старайся найти в стишке все слова с такой буквой, а если можешь, то и сосчитай эти слова и эту букву.

Тебе предстоит также выучить основные цвета, из которых состоит радуга.

Слушая или читая стишок о рифме, постарайся понять, что это такое.

А еще, разучи новые песенки.

Успехов тебе,
Автор

Стишки

Качает белыми стволами,
Курчавой шелестит листвой
Эта роща перед нами.
Ты тихонечко постой...
Принесут мечты и грёзы
Эти белые

Берёзы.

Букву Д найдёшь повсюду:
Близко в доме и в дали,
В слове Да и в слове Буду,
Даже в слове Догони.
В огороде и в саду
Букву Д легко найду!
Ну, а где их даже две?
В слове Дед найдёшь ответ.

Я живу в жуке и в жабе,
В желудях, в желтке, в еже,
Я – в жердях и я – в жирафе,
В жадине, в железе, в жале
И, конечно же, в уже,
В исключении из правил:
"уж и замуж – невтерпёж"
Сразу ты меня найдёшь.
Догадались вы уже,
Что жужжит вам буква

                    Ж.

Этот – самый длинношеий.
Нету выше никого.
Он листочки ест с деревьев,
Ноги-жерди у него.
И еще, что важно очень,
Не увидишь ты его,
Если ляжет среди трав
Жёлтый в пятнышках

Жираф

Ну, а эти, посмотри,
Начинаются на И:
Птичка Иволга порхает,
Рыбка же Игла
　　　　　ныряет.

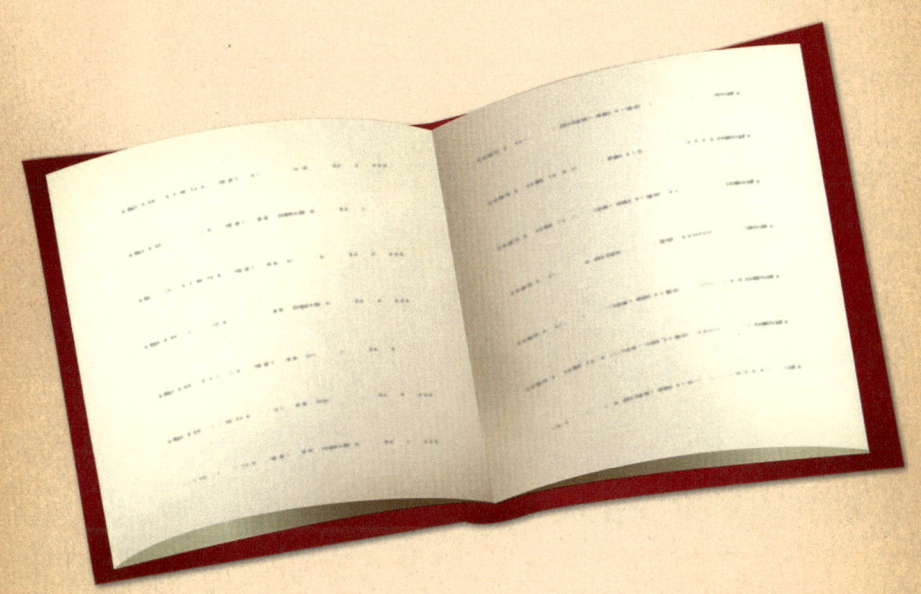

Есть во мне про всё на свете
Здесь любой найдёшь ответ.
Нужна взрослым, нужна детям
Ты читай меня, мой свет!

(Книга)

Ты ложишься на бочок
И меня кладёшь под ушко.
Я приятней, чем подушка,
И зовусь я –

                    Кулачок.

Ну, а это я – Компьютер.
Делаю я много дел.
Я, родившись, был огромным,
А теперь вот –
                    похудел.

Я – Листок и ты – листочек.
Вырастаем мы из почек.
Нас питает солнце днём.
Мы на веточках
                растём.

По потолку, как по столу хожу,
Над тарелками частенько я кружу.
И назойливо у уха
Я жужжу,
Так кто я?

Муха!

Очень ярко я сверкаю,
А за мною гром гремит!
Сильно деток я пугаю,
Потому никто не спит.
Я могу пожар устроить,
Нет управы на меня,
Невозможно успокоить...
И зовусь я –

Молния.

"О-о-о, – сказала О, –
Без меня вам нелегко:
Не уедешь далеко,
Не слетаешь высоко,
Не нырнёшь ты глубоко… .
Без меня, без буквы О,
Даже курица молчит,
"Ко-ко-ко" не говорит".

Он с ветвистыми рогами,
С двукопытными ногами,
Искры из-под них летят!
Он красив, и гордый взгляд.
Он выходит на прогулку
И совсем ему не лень
Дед-Мороза и Снегурку
Покатать, ведь он –

Олень!

Пчела кружится над цветком,
Нектар носит в пчёлкин Дом:
"Я работаю Пчелой,
Мёд несу к себе
                    домой".

Рулю машиной твёрдо я,
Веду к заветной цели,
Задача главная моя,
Чтоб люди уцелели.

(Руль)

Неправильная шутка

Из Котёнка выйдет
Кот,
Из Утёнка –
Утка.
Гусеница будет
Гусь.
Вот такая
Шутка!

Сахар белый, зубки тоже
Цветом очень даже схожи.
Только вот, что интересно:
Ну, не могут жить совместно.
Ты отведаешь конфет,
Глянешь в рот – а зубок нет!
Так что слушай мой совет:
Ешь поменьше ты

конфет.

Кукушка

Кукушка – хитренькая птица:
Высиживать птенцов ленится.
Найдет гнездо какой-то птички,
Подбросит ей своё яичко.
А птичка, этого не зная,
Яичко то своим считает.
Еду приносит кукушонку,
Птенцов своих толкнёт в сторонку.

Он летает, но не птица,
Он везёт, но не трамвай,
Он на ветки не садится,
Что же это, угадай?
Подскажу тебе немножко:
Он зовёт нас всех в полёт,
Для тебя там есть окошко,
Что же это?

Самолёт.

Тигр ставит мягко лапы,
Бык
копытами стучит.

В Тигре слышно мягко
И

Твёрдо
Ы
в Быке
звучит.

Рыжевата, хитровата –
Про меня так говорят.
Правда я не простовата,
Я люблю таскать курят.
И ни с кем, чтоб не делиться,
Потому что я –

Птицы перелётные все тянутся на Юг,
А я книжечки читаю
И, конечно же, встречаю
Иногда там букву
                      Ю.

О себе, кто много мнит,
"Я – я – я," – всё говорит,
Пусть заглянет в алфавит
И найдёт, где Я
                стоит.

Много нового покажет,
Много нового расскажет,
Все на свете объяснит,
Сказку, песню сочинит.
Если, вдруг, что заболит –
То утешит, даст совет...
Кто же это?
Папа,
Бабушка
И дед!

Сапожки для Осминожки

Важен папа-Осминог,
У него ох, много ног!
Хочет Осминожке
Подарить сапожки.
Говорит он Осминожке:
«Вот, возьми, примерь сапожки».
Но ножки извиваются,
А глазки улыбаются.
Он одну оденет ножку –
Не подходит, надо ведь
Сапожку правую надеть.
Папа больше не выносит,
Помощи твоей он просит.
Как купить ей сапоги?
Ему в этом помоги.
У Осминожки восемь ног –
Сколько надо ей сапог?
Сколько левых, сколько правых?
И конечно, не дырявых.
Или, чтобы не мудрить,
Может ласты ей купить?!

Цветные стишки

Мак цветёт на косогоре.
"Стой" – команда в светофоре.
Этот цвет – ну, очень властный,
Называется он Красный.
***

Красный нос у Дед-Мороза,
В огороде – помидор,
А в саду краснеет роза,
Красным светом – светофор... .
Нам красивых роз букет
Дарит этот Красный цвет.
***

Каждому фрукту – свой цвет.
Мне по цвету равных нет,
Потому что апельсин
я Оранжевый один.
***

Между Красным и Зелёным
В светофоре нахожусь.
А лимону и банану
Самым лучшим я кажусь.
Так готов ли ваш ответ?
Правильно, я – Жёлтый цвет.
***

На дорогах, ох опасно!
Как дорогу перейти?
Ты не мучайся напрасно,
Светофор ведь впереди:
Если Зелено – прекрасно,
Быстренько переходи.
***

Цвета я небесной глади,
Я не синий, я другой:
Синий мне почти что братик,
Я же просто – Голубой.
***

Над тобой синеет небо.
В синем море – корабли.
Васильки-цветочки где-то
Синим цветом зацвели.
***

Фиолетовый фиалку разукрасил
А еще он колокольчики покрасил.

А теперь небольшой стишок о том, как возникает Радуга, из каких цветов она состоит и как запомнить эти цвета и их расположение.

Где сидит Фазан?

Красный, Синий и Зелёный,
Фиолетовый, Лимонный,
А еще вот Голубой
И Оранжевый такой!
Только как бы не гордились –
Все от Белого родились:
Лучи Солнца преломились –
Вот они и появились!
Ну, а чтоб их быстро вспомнить,
Надо фразу нам запомнить:

"Каждый Охотник Желает Знать Где Сидит Фазан".

Начальная буква каждого слова этой фразы соответствует начальной букве одного из цветов Радуги и расположены они в таком же порядке, то есть:

Каждый – Красный; Охотник – Оранжевый; Желает – Жёлтый; Знать – Зеленый; Где – Голубой; Сидит – Синий; Фазан – Фиолетовый.

 **Как сочинять стихи**

Ты уже понимаешь, что самое важное в стихах – это рифма и ритм. Познакомься, пожалуйста, с шутливым стишком о рифме.

Рифма – это ох непросто,
Например, для слова остро
Нам не нужен острый нож,
Иль колючий очень ёж.
Надо просто здесь толково
Подобрать такое слово,
Чтоб в конце звучало ро
Например, возьмём метро.
Но учтём еще – в метро
Ударение на ро,
И к нему звучит остро
Или, например, бистро.
Может быстро нам подходит ? –
Нет, опять не то выходит:
Хоть на ро нет ударенья,
Нет и удовлетворенья.
Видишь, как совсем не просто
Рифмовать нам слово остро !
Ну, да ладно, не горюй,
Тренируйся и рифмуй.
. . . .
Только вот ещё послушай:
Постарайся, мой дружок,
Разобрать этот стишок
И найти слова все где
Рифмы нравятся тебе, –
Где притянуты за уши.

Часть Вторая

Песенки

ШАГАЛКА

Мы весело шагаем
Вперёд, вперёд, вперёд!
И просто напеваем,
Что в голову придёт:

Здесь речек переклички
Вокруг цветут цветы,
Поют, летают птички,
Шагаешь рядом ты!

Нам не страшна дорога,
Все интересно нам,
И ходит сказок много
За нами по-пятам!

Здесь речек переклички
Вокруг цветут цветы,
Поют, летают птички,
Шагаешь рядом ты!

И с этой песней звонкой
Повсюду мы пройдем,
С природой-незнакомкой,
Мы свой язык найдем!

Здесь речек переклички
Вокруг цветут цветы,
Поют, летают птички,
Шагаешь рядом ты!

ФЕЯ

В небесах, на земле,
На деревьях, в траве
Живет фея, творит чудеса.
Она рада зиме,
Она рада весне,
Она песню с собой принесла:

Я на крыльях лечу,
Рассказать вам хочу
Про неведомые чудеса.
Про веселых зверят,
Про хороших ребят –
Приглашаю со мной в небеса.

Фея может летать,
Может околдовать,
Сказку может она рассказать.
На цветочке сидеть,
На пушинке лететь,
Песню радостную напевать:

Я на крыльях лечу
Рассказать вам хочу
Про неведомые чудеса.
Про веселых зверят
Про хороших ребят
Приглашаю со мной в небеса.

ЗИМНЯЯ СКАЗКА*

Снег пушистый, невесомый
Лес и поле засыпает.
И в лесу дремучем, сонном
Тихо звери засыпают.

Засыпают они в норах
И в берлогах засыпают,
А над ними – мягкий ворох
И искрится, и сияет.

И звенит хрусталь сосулек,
Тихо динькают снежинки,
Леса тишину густую
Обволакивает дымка.

Белоснежными клубами
Ветви елей нарядились,
Под жемчужными холмами
Муравейники укрылись.

И финифтью разноцветной
Лапки елей и синицы,
Смолка – каплей чуть приметной,
Снегири и звон криницы.

Но закрыт весь этот замок
На ледовый на замок…
Только ключик первозданный
Будет найден – дайте срок!

НОТКИ

Если ты имеешь уши,
То, пожалуйста, послушай
Эту песенку про стройный нотный ряд.
Птичками на проводочках,
На пяти чудесных строчках
Нотки маленькие рядышком сидят.

Эти нотки, как сестрички,
Очень любят переклички.
Ты об этом только раз их попроси.
Они сразу встрепенутся
И, конечно, отзовутся
Стройной гаммой
До, ре, ми, фа, соль, ля, си.

Только нотки-непоседки
Ровненько садятся редко,
Ведь по строчкам так приятно поскакать.
И как будто бы в насмешку,
Разбегутся вперемешку,
Чтоб мелодией красивой зазвучать.

Черненькими нарядятся.
Да с флажками разлетятся.
Или белыми бывают иногда.
Даже если их не знаешь,
Ни на чем ты не играешь,
Но звучанье их полюбишь навсегда.

ВНУКИ

Что такое внуки?
Это
шум, бедлам и та-ра-рам!
Это вырванное лето,
Что нагрянуло вдруг к вам.

Это кошки и собаки,
Рыбки и велосипед,
И друзья, ох, забияки...
Тишина сошла на нет!

Это локти и коленки,
Сопли, синяки, бронхит,
Сказки, песенки-нетленки,
И ужасно грязный вид!

Что такое внуки?
В этом
вы поверить нам должны,
Ваши внуки – это ...
Это
Счастья полные штаны!

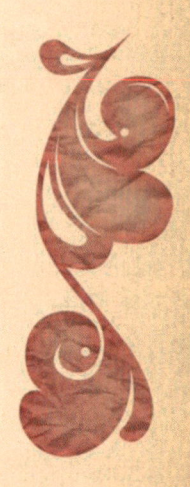

РЫБАЧОК

На музыку Ю.Кима «Рыба-кит»

На рыбалку с удочкой как-то я пошёл.
Да вот только рыбы я нигде не нашёл.
Рыбы нет, рыбы нет, рыбы нет не видно,
Вот беда, вот беда, до чего ж обидно.

Но тут повстречался мне опытный рыбак,
Посмотрел на удочку и сказал мне так:
"Не поймать рыбу вам на пустой крючок,
Чтоб поймать рыбу Вам нужен червячок".

Но нет червя, нет червя,
но нет червя не видно,
Вот беда, вот беда, ну до чего ж обидно.

Где искать червяка, объяснил он мне:
«Может быть под кустиком,
может быть в земле,
А может быть под камешком
прячется червяк», –
Рассказал об этом мне опытный рыбак.

Но нет червя, но нет червя,
но нет червя не видно,
Вот беда, ну вот беда, ну до чего обидно.

И свернул я удочку, и пошёл домой
По знакомой улочке с сумкою пустой.
Не поймал рыбу я, не было и видно,
До чего ж, ну до чего ж, ну до чего ж обидно.

Грустно было мне идти – комом первый блин,
Но попался на пути рыбный магазин...

Без червя, без червя «наловил» я рыбы,
На червя, на червя, не держу обиды.

Колыбельная

Баю-баюшки-баю
Тебе песенку пою.
Эта песенка поможет
То, что бабушка не может:
Глазки тихонько закрыть,
В темноту скорей уплыть.
Ты увидишь сладкий сон
И покажет тебе он
Чудеса в стране Чудес
И цветной красивый лес.
К тебе феи подойдут
И нектар тебе нальют.
Вскоре в новый мир войдёшь
Принца там себе* найдёшь
Взявшись за руки пойдёте
Песни новые споёте.
Вот уж звездочки мигают
Все детишки засыпают.
Утром встанешь и опять
Будешь весело играть.
А пока что баю-бай
Поскорее засыпай.
Эта песенка поможет
То, что дедушка ...

* И принцессу ты найдёшь.

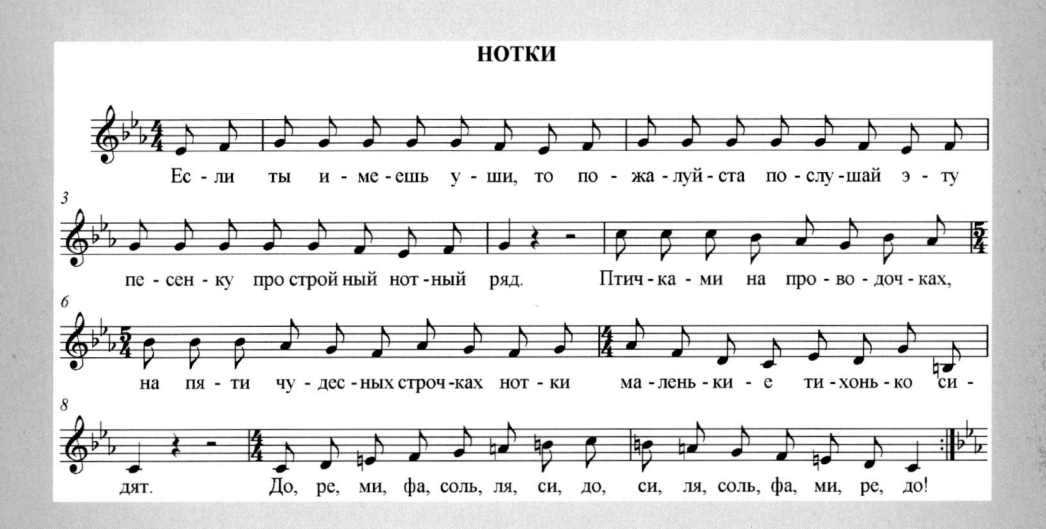

НОТКИ

Ес-ли ты и-ме-ешь у-ши, то по-жа-луй-ста по-слу-шай э-ту пе-сен-ку про строй-ный нот-ный ряд. Птич-ка-ми на про-во-доч-ках, на пя-ти чу-дес-ных строч-ках нот-ки ма-лень-ки-е ти-хонь-ко си-дят. До, ре, ми, фа, соль, ля, си, до, си, ля, соль, фа, ми, ре, до!

ШАГАЛКА

На мотив р.н.п. "Ах, пчелочка златая"

Мы ве-се-ло ша-га-ем впе-ред, впе-ред, впе-ред! И прос-то на-пе-ва-ем, что в го-ло-ву при-дет: Здесь ре-чек пе-ре-клич-ки, во-круг цве-тут цве-ты, по-ют, ле-та-ют птич-ки, а ря-дом и-дешь ты

Зимняя сказка

Александр Клековкин

Ирина Тимонина

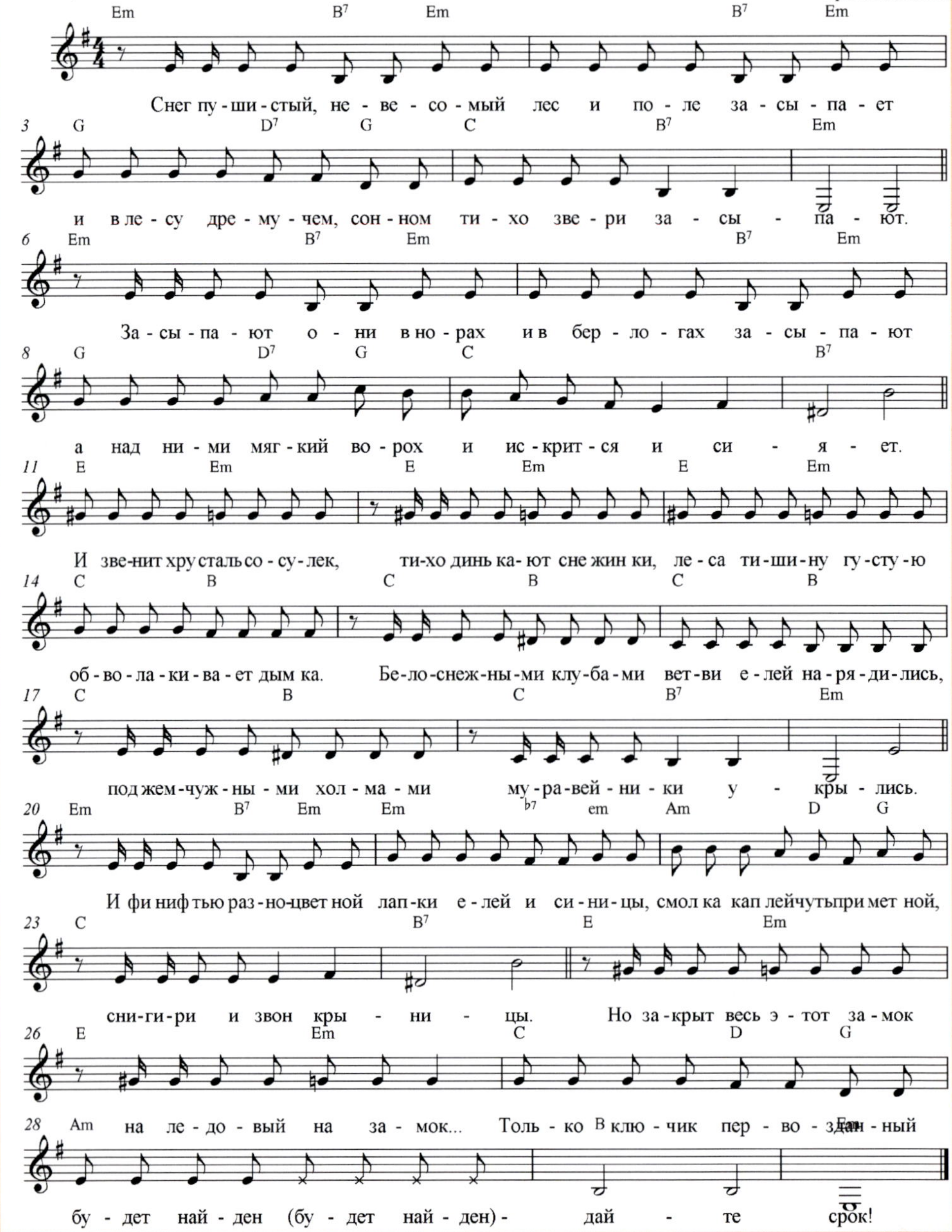

Ну вот, дружок,

ты закончил

еще одну книжку.

Всего тебе доброго!

Made in the USA
Middletown, DE
26 January 2019